CW01637166

ONBEHAGEN

Bas Heijne

ONBEHAGEN

NIEUW LICHT
op de beschaafde mens

Ambo|Anthos
Amsterdam

MIX
Papier van
verantwoorde herkomst
FSC® C004472

Eerste druk september 2016
Tweede druk september 2016
Derde druk september 2016
Vierde druk oktober 2016
Vijfde druk november 2016
Zesde druk december 2016
Zevende druk december 2016
Achtste druk december 2016

ISBN 978 90 263 3543 3

Fragmenten uit Sigmund Freud, *Das Unbehagen in der Kultur (Het onbehagen in de cultuur)*, Nederlandse vertaling Gerda Mathot, Dick Bergsma en Henk Bouman, met toestemming van uitgeverij Boom opgenomen
Omslagontwerp Marry van Baar
Omslagillustratie © Untitled, 2006 (oil on card), Ben McLaughlin (Contemporary Artist) / Private Collection / Wilson Stephens Fine Art, London / Bridgeman Images

Verspreiding voor België:
Veen Bosch & Keuning uitgevers nv, Antwerpen

Inhoud

VOORAF

Nieuw Licht

Het publieke debat is met de komst van de sociale media ingrijpend veranderd. En of het nu gaat om *#jesuischarlie*, *#zwartepiet*, *#bedbadbrood* of *#bonusgraaiers*, het wordt er meestal niet genuanceerder op. De vertwittering van het debat was voor ons de belangrijkste drijfveer voor NIEUW LICHT, een filosofische pamfletreeks waarin de eeuwenoude denktraditie wordt gecombineerd met het nieuwe denken van onze tijd.

Als uitgangspunt voor ieder pamflet leggen we een hedendaagse denker een vraag voor die in een klassiek geworden tekst aan de orde werd gesteld, door een andere denker, in een andere tijd, en binnen een andere politieke en maatschappelijke context. Zo zouden we met Simone de Beauvoir (1908-1986) en haar *Tweede Sekse* in het achterhoofd de vraag kunnen stellen hoe vandaag de dag 'de vrouw wordt gemaakt', we kunnen de opvattingen over politiek en oorlog van Carl von Clausewitz (1780-1831) herbezien in een tijd van vredesmissies, terreur en cyberwars, of ons afvragen wat Johan Huizinga (1872-1945) gezegd zou hebben over doping, matchfixing en het monopolie van de FIFA.

De onderwerpen van NIEUW LICHT zijn evenzeer ingegeven door het maatschappelijk belang als door onze eigen persoonlijke preoccupaties. Het liefst zouden we ze allemaal zelf behandelen, maar niet alleen kun je niet alles zelf doen, ook zijn anderen er door hun ervaring, kennis, sekse of afkomst soms veel beter in. Meerstemmigheid is zodoende de motor van deze filosofische pamfletreeks.

Voor u ligt de eerste editie. Dat die u moge verheffen!

Frank Meester en Coen Simon

DE VRAAG

Hoe reëel is onze lust nog?

Beste Bas,

Sigmund Freud meende dat binnen ons 'psychisch gebeuren' twee krachten actief zijn: het lustprincipe en het realiteitsprincipe. Terwijl het lustprincipe ertoe aanzet onze behoefte onmiddellijk te bevredigen, remt het realiteitsprincipe deze behoefte juist af door om te kijken naar de bestaande sociale praktijk – we voelen ons seksueel aangetrokken tot een ander, maar we zeggen: wat zit je haar leuk.

Inmiddels verschilt het maatschappelijk leven behoorlijk van dat uit de tijd van Freud, en lijkt de vraag gelegitimeerd of de bestaande sociale praktijk niet veel eerder een ondersteuning is geworden van het lustprincipe. Niet alleen binnen de markt, maar ook binnen tal van andere domeinen zoals onderwijs en politiek, wordt het geluk van de mens juist geïdentificeerd met de bevrediging van behoeften van het individu. Behoeften die vaak als persoonlijk en authentiek gelden. Als we weten wat het volk wil, dan 'gaan we dat regelen'. Een populisme dat misschien evenveel consumentisme is en andersom.

Nieuwe technologieën stellen ons in staat om het marktonderzoek, de politieke peilingen of kijkcijfermetingen steeds preciezer af te stemmen op het gedrag van de calculerende burger. Behoeften worden sneller, frequenter en preciezer gekwantificeerd en verbeteringen gericht op de bevrediging van die behoeften eenvoudiger doorgevoerd. Digitale media spelen daarbij een belangrijke rol. Om maar wat te noemen: winkelen doe je op schoot en wanneer het je schikt. Tinder en andere apps of websites maken het mogelijk vrijwel onmiddellijk seksuele driften te bevredigen, en Netflix of Spotify bedienen ieder moment van de dag de behoefte aan entertainment en tijdverdrijf. Via Twitter, Instagram en Facebook kan die ontevredenheid ook nog eens onmiddellijk worden gekanaliseerd in het publieke domein van de gelijkgestemden.

Terwijl cultuur in de opvatting van Freud mogelijk wordt gemaakt door een wisselwerking tussen het lust- en het realiteitsprincipe, lijkt cultuur nu zoals gezegd vooral het lustprincipe te faciliteren. Zijn we daarmee realiteitszin verloren, of is de realiteit zo veranderd dat we het realiteitsprincipe moeten herbezien of zelfs opgeven?

Beste Bas, zou jij met deze tekst van Freud in het achterhoofd onze beschaving op de sofa willen leggen om zo een nieuw licht te werpen op de economie van de lust?

HET ESSAY

ONBEHAGEN

Voor Peter

De waarheid achter dit alles, die men liever verloochent, is dat de mens geen zachtaardig wezen is dat liefde nodig heeft en zich hoogstens weet te verdedigen als het wordt aangevallen; in zijn driftleven is hij juist begiftigd met een enorme dosis agressie. Bijgevolg is zijn naaste voor hem niet alleen een potentiële helper en seksueel object, maar ook iemand die hem ertoe verleidt zijn agressie op hem uit te leven, zonder vergoeding te profiteren van zijn werkkracht, hem zonder zijn instemming seksueel te gebruiken, zich van zijn bezittingen meester te maken, hem te vernederen, pijn te doen, te martelen en te doden.

– Sigmund Freud, *Het onbehagen in de cultuur*

1

Op 7 januari 2015 stond ik in een Parijse boekhandel de op die dag verschenen nieuwe roman van Michel Houellebecq af te rekenen, toen ik een bericht op mijn telefoon voelde binnenkomen.

Op mijn scherm stond: *Charlie Hebdo!*

Even dacht ik dat de vriend die het stuurde me wilde attenderen op een bijzonder grappige of provocerende cover van het beruchte satirische blad. Al snel volgden sms'jes van anderen. Daarna verscheen het nieuws van de krantensites op mijn scherm.

Omdat ik me niet zo ver van de redactie van *Charlie Hebdo* bevond, besloot ik ernaartoe te lopen, ik wist eigenlijk niet goed waarom. Op de boulevard waar de redactie in een zijstraatje was gevestigd, niet ver van Place de la Bastille, hing een vreemd verstilde sfeer. Het was zo'n twee uur nadat de bloedige aanslag op de redactie had plaatsgevonden. Er was politie. Het straatje waar de redactie zich bevond was afgesloten met linten. Hier en daar stonden tv-journalisten met een microfoon in hun hand te wachten tot de camera zou gaan lopen. Maar er klonken nauwelijks geluiden. Er was weinig publiek. Verderop liepen mensen met boodschappentassen, alsof er niks gebeurd was.

Het nieuws leek nog niet doorgedrongen. Er was alleen het naakte feit, maar het was nog niet ingedaald, er was nog niets geduid. De daders waren voortvluchtig. Hier was niets meer. Het was alsof ik in een vacuüm stond, daar op die winterse boulevard. Er was iets ontzagwekkends gebeurd, maar het had nog geen betekenis gekregen.

In de dagen, weken, maanden daarna liep dat vacuüm vol met woorden, duizenden, miljoenen woorden, en evenveel beelden. *Je suis Charlie* werd eerst een geuzenleus, toen een alomtegenwoordige slogan en vervolgens een *meme*, een cultureel stopwoordje, onderwerp van ironie en parodie. Al die woorden en beelden gaven betekenis – en vlakten die toen onvermijdelijk weer af.

Maar dat eigenaardige gevoel die middag is me bijgebleven – de gewaarwording dat ik tegenover iets stond dat ik niet kon bevatten, iets rauws en elementairs, dat zich heel even onttrok aan al mijn redelijke verklaringen en beschouwingen. De slachtpartij die zich daar had afgespeeld liet zich een paar uur lang niet inpassen in mijn werkelijkheid.

2

Inmiddels, vele aanslagen verder, na duizenden beelden van ontzielde lichamen, verwrongen ledematen en afgehakte hoofden, voorbij analyses, oproepen, aanklachten, overpeinzingen en verklaringen, is de herinnering aan dat gevoel vervaagd. En ik heb er zelf ook passende woorden voor gevonden. De aanslagen in Parijs bevestigden bij mij een in de loop der jaren langzaam gegroeide gewaarwording, namelijk dat het wereldbeeld waarmee ik opgroeide op een fundamentele manier achterhaald is. En niet alleen het wereldbeeld – ook mijn beeld van de *mens*.

Eenieder wordt grotendeels gevormd door zijn omgeving, door een cultuur. Kort geschetst kun je zeggen dat ik volwassen werd in een tijd van vertrouwen en verwachtingen – verwachtingen over groei en gelijkheid, een almaar rationelere ordening van de wereld, geïnspireerd door de ideeën van de Verlichting, zoals die na de Tweede Wereldoorlog in West-Europa hun beslag kregen.

De mens, zo luidde de verwachting, zou zich

langzaam maar zeker losmaken van zijn eigen benauwde groepsgeest en zich verenigen met anderen op basis van gedeelde menselijkheid. Mannen en vrouwen zouden meer en meer gelijk worden. Minderheden werden eveneens geaccepteerd als gelijken. Nationalisme en andere vormen van agressieve groepsgeest zouden hopeloos gedateerd raken, net als religieus fanatisme.

Alle geloof was op weg om zuiver *cultuur* te worden, een troostend ritueel, vooral voor eigen gebruik of een stukje humane gezamenlijkheid, zonder veel maatschappelijke impact.

Grote problemen als honger, ziekte en armoede zouden stukje bij beetje, stap voor stap de wereld uit geholpen kunnen worden.

Het ging niet om een diep doorvoelde heilsverwachting, geen grote ideologische overtuiging. Het sprak gewoon vanzelf.

3

Natuurlijk werd me, terwijl ik volwassen werd, ook geleerd dat het nog lang niet zover was. Er moest nog veel strijd geleverd worden, het einddoel was nog ver van ons verwijderd en misschien werd het wel nooit helemaal bereikt. Er waren genoeg kanttekeningen bij dat rooskleurige toekomstbeeld te maken. De mens werd heus niet goed *geboren*, zoals de dooddoener luidde. En iedereen had een *duistere* kant, zoals daar dan meestal enigszins zelfvoldaan aan toe werd gevoegd. Kunstenaars, las je in interviews en biografieën, vochten met hun *demonen*. Overal waren rellen, conflicten, oorlogen. En, dat wist je ook, er liepen nog genoeg mensen rond die zich dat vooruitstrevende, optimistische wereldbeeld niet eigen hadden gemaakt. Het bleef oppassen. Geen reden tot tevredenheid. Nooit denken dat het af was.

Maar al die kanttekeningen waren precies dát – oprechte waarschuwingen voor een ál te groot optimisme. Het deed aan de energie van dat optimisme weinig af. Zwartgalligheid werd uitgeleefd in de kunsten, niet in de maatschappij. Doodsdrift was iets persoonlijks, iets voor mensen, meestal jongeren, die tragisch over de rand van de samenleving vielen of zich heroïsch in de afgrond van hun eigen geest stortten.

Maar we wisten welke kant het met de geschiedenis zou op gaan. Of in ieder geval welke kant het zou móéten op gaan.

4

Mijn eigen mensbeeld raakte gaandeweg donkerder gekleurd. Mijn lievelingsschrijvers werden Fjodor Dostojevski, Joseph Conrad en, misschien verrassend, gezien zijn dweperige, nostalgische reputatie, Louis Couperus. Dit waren stuk voor stuk romanciers die een diep instinct hadden voor de mens die niet opgewassen was tegen zijn eigen beschaving, de mens die zijn eigen vernietigingsdrang kon maskeren met een hardnekkig vooruitgangsgeloof, de mens die, wanneer hij los kwam te staan van zijn eigen cultuur, ten prooi viel aan destructieve, beestachtige impulsen. In de jaren negentig vertaalde ik Conrads *Heart of Darkness*, die genadeloze afrekening met het blinde geloof in de menselijke vooruitgang.

Hoe verhielden die schrijvers zich tot het rooskleurige wereldbeeld van mijn jeugd? Waren dat ook slechts kanttekeningen bij het progressieve optimisme dat ik tijdens mijn jeugd met de paplepel kreeg ingegoten – of vormden ze er juist een pijnlijk schril contrast mee? Veroorzaakten ze niet een soort permanente, onoplosbare ambivalentie? Ging de mens nog wel langer ergens naartoe, of was hij ertoe veroordeeld in kringetjes rond te draaien, in een eindeloze cyclus van streven en desillusie, opbouw en vernietiging, beschaving en barbarij? In hoeverre was een geloof in de idealen van de Verlichting te verenigen met de verzengende verlichtingskritiek van mijn favoriete auteurs?

Zeker was dat ik ervan doordrongen raakte dat de verlangens en emoties die het naoorlogse verlichtingsdenken in mijn jeugd permanent ongeldig had verklaard – nationalisme, groepsdenken, cultuur als een unieke, superieure bedding voor gemeenschapsgevoel – intussen steeds onverbloemder hun plaats in de samenleving terugeisten. Na 2001 schreef ik over weinig anders, vaak tot verbazing of onbegrip van een maatschappelijke, intellectuele en artistieke klasse die zich ferm gecommitteerd had aan het progressieve optimisme en die alle krachten die dat optimisme dreigden te ondermijnen, afdeden als oprispingen die uit het niets tevoorschijn waren gekomen – of een vreselijke terugval betekenden naar vooroorlogse, reactionaire fantasieën. Talloos waren de bijeenkomsten en discussieavonden waarop ontsteld of gepikeerd werd vastgesteld dat er iets heel lelijks uit de samenleving was opgeborreld – racisme, moslimhaat, anti-Europese sentimenten, de hernieuwde hang naar alles wat 'Nederlands' was – zonder dat daar verder op werd ingegaan. In de zaal zat immers niemand die dat soort sentimenten deelde. Het was betreurenswaardig, het moest zo snel mogelijk verdwijnen, maar men leek weinig zin te hebben zich erin te verdiepen. Belangstelling of begrip voor de emoties die ten grondslag lagen aan die steeds feller wordende reactie leken beschouwd te worden als een vorm van intellectueel verraad, een jammerlijke overstap naar *the dark side*.

Daarbij, je kon in het geval van deze steeds bredere kloof toch niet aan beide kanten staan? Dat zou morele onhelderheid betekenen. En dat in een tijd die, zoals de Amerikaanse filosofe Susan Neiman niet ophoudt te beweren, om morele helderheid schreeuwt. Ben je vóór of tegen de Verlichting? Je kunt erover twisten wat de Verlichting nu precies inhoudt, welke denkers erbij horen en welke niet, wat de misvattingen rond de Verlichting zijn of de gebreken en beperkingen ervan. Die debatten worden overal gevoerd. Maar kun je er ook tegelijkertijd in geloven en niet in geloven? Kan dat?

Of, anders gezegd: is oprecht optimisme mogelijk in een door pessimisme gekleurd wereldbeeld?

In mijzelf bleef die ambivalentie lang onopgehelderd. Onwillekeurig beschouwde ik mijn groeiende verlichtingskritiek – en vooral mijn kritiek op de hedendaagse aannames over mens en maatschappij die zich op een mengeling van verlichtingsdenken en een op het christendom geïnspireerd humanisme baseerden – toch nog altijd als een correctie op het optimistische mensbeeld van mijn jeugd, in plaats van dat het dat mensbeeld verving. Wat je met de paplepel ingegoten hebt gekregen, laat zich niet zomaar ongeldig verklaren.

Dat was waarschijnlijk de reden dat er iets stierf in mij, die winterse januaridag in Parijs.

5

Zo werd de aanslag op de redactie van *Charlie Hebdo* door de broers Kouachi, en de moordpartij in de koosjere supermarkt die erop volgde, voor mij tot symbool van een wereldbeeld dat aan alle kanten onder vuur ligt. Dat symbool heeft onherroepelijk iets willekeurigs. In de loop van de geschiedenis stelt het allemaal niets voor. De slachtpartij valt niet alleen in het niet bij talloze andere bloederige aanslagen – meestal op een oneindig veel grotere schaal. Ook de betekenis ervan laat zich, in een breder perspectief, gemakkelijk relativeren. Lees er maar een willekeurige geschiedenis van terrorisme op na. En in zijn roman *The Secret Agent* schetste Joseph Conrad een eeuw geleden al een genadeloos portret van de nihilistische vernietigingsdrang die achter een hang naar radicale zuiverheid schuilgaat. Het huidige radicaalislamitische terrorisme is gewoon een nieuwe loot aan een oude stam. Het verrassende eraan is misschien dat we niet langer hadden verwacht dat er nog nieuwe loten aan die stam zouden groeien.

Bovendien, wordt vaak gesteld, strookt het beeld niet met de feiten. Dat we denken dat het de verkeerde kant met de wereld op gaat, is enkel een kwestie van perspectief – we zijn gewoon niet meer zoveel gewend. In wezen is de mens juist bezig, heet het, zijn eigen gewelddadigheid langzaam maar zeker af te zweren.

Er zijn genoeg denkers en wetenschappers die erop wijzen dat het nieuwe pessimisme over de staat van de wereld niet meer is dan een *state of mind*, en dat we zulke gruwelijke gebeurtenissen als in Parijs en later in Brussel, Ankara, Bangladesh en Nice niet voor het hele plaatje moeten aanzien. Het zijn slechts *bleeps on the screen*. Doe even een paar stappen terug en je ziet dat het nog altijd de goede kant met de mens op gaat – met de bestrijding van honger en ziekten bijvoorbeeld. Ook met die moordlust valt het mee: de criminaliteitscijfers in veel westerse landen dalen al jaren. En aan de hand van statistieken wordt aangetoond dat de mens minder gewelddadig wordt, zoals de Amerikaans-Canadese experimenteel psycholoog Steven Pinker doet in zijn veelbesproken studie *The Better Angels of Our Nature* (2011). Er is geen enkele reden om het optimisme bij het grofvuil te zetten, integendeel. Nuchter blijven, is het devies; zie het in het juiste perspectief. De mensheid gaat nog steeds vooruit. Alleen misschien niet zo snel als we een paar generaties lang gedacht hebben.

En trouwens, de kans dat jij slachtoffer van een terroristische aanslag wordt...

6

Dit zijn kwesties waarover genoeg te discussiëren valt. Maar stellingnames en pleidooien als die van Pinker en zijn geestverwanten fungeren wat mij betreft als een barometer voor onze tijd – ze zijn geschreven als tegenwicht tegen een onmiskenbaar groeiend pessimisme over de mens, als tegengif tegen het cynisme, als een correctie op het afkalven van de verwachting van onomkeerbare vooruitgang. Men wil nuchtere afstand tegenover directe emotie zetten. Onvoorstelbare gruwelen zoals de burgeroorlogen in Rwanda en ex-Joegoslavië in de jaren negentig en later de mislukte poging om in Irak democratie af te dwingen door de loop van een geweer, en weer later het radicaalislamitische terrorisme, hebben strepen door het optimistische mensbeeld van na de Tweede Wereldoorlog gezet. Door afstand te nemen, door het geheel te bezien met een helikopterblik, wil men laten zien dat er weinig of geen aanleiding is voor dat groeiend pessimisme.

Tel de lijken maar, kijk naar de statistieken. Vertrouw de cijfers, niet je perceptie – en dan zie je dat de mens juist steeds beschaafder wordt. Heus.

Maar de ene dode is de andere niet. Cijfers zeggen niet alles, soms zelfs bar weinig. Het is goed te beseffen dat veel waarover wij nu ontzet zijn, vroeger aan de orde van de dag was. Dat we er nu zo van schrikken, geeft al aan dat we slachtpartijen en uitingen van menselijke ontaarding steeds minder vanzelfsprekend zijn gaan vinden. Maar het feit dat we onszelf juist de afgelopen jaren hier steeds aan moeten herinneren, lijkt veel op het bezweren van knagende twijfel.

Perceptie doet er wel degelijk toe. Ik ben ervan overtuigd dat er iets fundamenteels in ons mensbeeld aan het verschuiven is. Het lijkt me ook een vertekenend beeld opleveren wanneer de mate van beschaving van een mens slechts wordt afgemeten aan het aantal doden dat in oorlogen valt. Steeds meer hedendaagse cultuurkritiek richt zich juist helemaal niet op onze aangeboren en door beschaving getemde agressie, maar op het afvlakken van onze vrijheid, en dus onze humaniteit, door middel van steeds strengere controle, juist om ons te beschermen tegen gewelddadigheid.

Neem de affaire rond Edward Snowden, de jonge Amerikaanse spion die bekendmaakte dat gewone, nietsvermoedende burgers wereldwijd door hun overheden werden gemonitord. Die vormde een kentering in de verhouding tot nieuwe technologie. Waar men tot dan toe met het idee leefde dat nieuwe techniek, in het bijzonder sociale media, een voortdurende uitbreiding van vrijheid inhield, en mogelijkheden tot het uitbreiden van onze persoonlijke vrijheid tot ongekende proporties (in de eerste plaats door een revolutionaire explosie van mogelijkheden tot communicatie), bleek diezelfde technologie ineens gebruikt te worden voor beheersing en controle. De burger waande zich subject, hij bleek object.

Dat was een enorme schok. Het verzamelen van informatie bleek twee gezichten te hebben – de opgeslagen big data kunnen gebruikt worden om de burgers beter in hun wensen tegemoet te komen, maar ook om hen in de gaten te houden. Al te vaak is niet duidelijk of het om het waarborgen van vrijheid gaat of om het inperken ervan. Natuurlijk zal een overheid zich altijd rechtvaardigen door te zeggen dat men het welzijn van de burger op het oog heeft, zijn veiligheid of zijn gezondheid.

In de affaire-Snowden openbaarde zich een lastige tegenstelling die vooralsnog onoplosbaar lijkt. Noem het de beschavingsparadox: naarmate technologie steeds meer gebruikt wordt om onze veiligheid en gezondheid te waarborgen of te bevorderen, lijkt die onze bewegingsvrijheid, lichamelijk en geestelijk, steeds verder in te perken. Wij weten steeds meer, maar *zij* ook.

Bovendien blijkt die meetbaarheid ook een vorm van reductie: alleen wat gemeten kan worden, wat in getallen of bedragen kan worden uitgedrukt, doet er nog toe. Het zijn cijfers en statistieken die maatgevend worden. Het individu ziet zijn burgerschap, zijn band met de samenleving, niet langer als een bewust proces, waarbij hij zijn keuzes en opvattingen kenbaar kan maken en zodoende bijdragen aan het idee van gemeenschap. Hij ziet zich steeds meer gereduceerd tot een te monitoren object, waarvan de toestand, het gedrag en de risico's samengevat kunnen worden in tabellen. Samen maken die tabellen uit hoe de samenleving naar hem kijkt. Hoe hij naar de samenleving kijkt, doet er dan veel minder toe. Opnieuw vindt een verschuiving van subject naar object plaats.

Dat dit grote gevolgen heeft voor de verhouding tussen individu en samenleving spreekt vanzelf. Veel onvrede en onbehagen is erop terug te voeren. Maar daaronder ligt misschien nog wel een grotere paradox.

De wetenschap, in het bijzonder de biologie, mag de mens steeds verder vooruithelpen, ze doordringt ons – daar heb je de paradox – er ook steeds dieper van dat de mens zichzelf niet snel blijvend zal overstijgen. Ze vlakt dus niet alleen onze vrijheid af, ze confronteert ons ook steeds sterker met de natuurlijke grenzen van onze vrijheid.

Als product van de evolutie blijken we slecht toegerust voor dat zo innig door ons gekoesterde verlichte mensbeeld. Het hartgrondige pessimisme van mijn lievelingsschrijvers, Conrad en Dostojevski, krijgt tegenwoordig door nieuwe wetenschap steeds meer vaste grond onder de voeten. Ik voeg er meteen aan toe: onze 'goede' eigenschappen ook, onze natuurlijke neiging tot sociabiliteit, ons vermogen om met anderen samen te werken.

Steeds meer kan menselijk gedrag verklaard worden door nieuwe inzichten in onze natuurlijke gesteldheid, door te verwijzen naar de 'oermens' in onszelf. We blijken in onze huidige sociale doen en laten veel meer evolutionair-biologisch bepaald dan we geneigd zijn te denken; veel van onze reacties, onze angsten en verlangens lijken het residu van evolutionair ingesleten patronen, die teruggaan tot de vroegste tijden van de mens. Hoewel er genoeg kritiek is op de stelligheid waarmee hier en daar elk hardnekkig, al te menselijk gedrag verklaard wordt door te verwijzen naar ons verleden als holbewoners of jager-verzamelaars, plaatst die nieuwe kennis het idee van de zelfstandige, verlichte mens wel in een nieuwe context. De verwachting dat de mens en zijn geschiedenis in een bepaalde richting zouden bewegen, spreekt niet langer vanzelf.

Vooruitgang in de wetenschap gaat onmiskenbaar hand in hand met een reductie van de mens zelf. Die paradox van de wetenschap kun je als volgt samenvatten: naarmate de wetenschap steeds dieper in onze levens en, vaak letterlijk, in onze lichamen doordringt om ons te genezen, te beschermen en zelfs te verbeteren (een pil om pijnlijke herinneringen te wissen, een chip in je hoofd om je geheugen te vergroten), lijkt dat ons juist eerder minder dan meer vrijheid op te leveren. We worden steeds meer gewaar hoezeer we door onze biologie gedetermineerd zijn.

7

Is het toeval dat die gewaarwording gelijk opgaat met een crisis van het verlichte wereldbeeld uit mijn jeugd? Kijk om je heen: in de politiek bloeit het populisme, dat een universalistisch mensbeeld verwerpt en assertief en vaak agressief de nadruk legt op een door vijandige krachten bedreigde eigenheid, op afkomst, cultuur, geschiedenis – de kleine wereld tegenover de grote boze wereld, de eigen groep tegenover de rest. Overal waar gepeild wordt, maken mensen zich het meest zorgen over vreemdelingen, vluchtelingen, terrorisme. Een vitaal activisme voedt zich met het ideaal van herwonnen zelfbeschikking, het verlangen weer eigen baas te zijn. Een groeiend fundamentalisme verlangt naar morele zuiverheid, zonder tolerantie voor menselijke zwak- en tegenstrijdigheden. Steeds vaker worden individuele verlangens en belangen vereenzelvigd met het groepsbelang – de gemeenschap, het geloof, de identiteit, de natie.

Zeker, het ideaal van universele gelijkheid, gelijkheid tussen rassen, tussen mannen en vrouwen, tussen hetero's en homo's, wordt in grote delen van de wereld nog steeds met kracht uitgedragen en er worden dagelijks grote successen geboekt (kijk bijvoorbeeld naar de invoering van het homohuwelijk in de Verenigde Staten, en in zoveel andere landen). Maar tegelijk wordt dat universalistische ideaal ook steeds krachtiger in twijfel getrokken, door verschillende vormen van fundamentalisme, religieus of nationalistisch. In Amerika, in Europa, in het Midden-Oosten, in Rusland en in Afrika; men staat steeds feller tegenover elkaar. Identiteitspolitiek benadrukt de onoverbrugbare verschillen tussen mensen, kritiek op schendingen van mensenrechten van buitenaf wordt als een doelbewuste aanslag op trots en eigenwaarde voorgesteld. In plaats van gelijkheid wordt onvervreemdbare uniekheid benadrukt.

De geest lijkt uit de fles.

8

Het Europese project, dat symbool van het naoorlogse verlichtingsdenken, wordt nu van binnenuit steeds verder verzwakt. De EU wordt door veel burgers binnen de Unie niet langer gezien als een nieuwe, uitgebreide vorm van gemeenschap, maar juist als een bedreiging van de eigen, kleine gemeenschap.

Die laatste emotie, zo liet de stem voor Brexit zien, is gemakkelijk te exploiteren door politici, omdat ze evolutionair diep in ons is geworteld.

In zijn prikkelende geschiedenis van de mensheid, getiteld *Sapiens* (2014), legt de Israëlische historicus Yuval Noah Harari uit dat mensen evolutionair zijn toegerust om samen te werken in kleine groepen – zolang we elkaar kennen, zijn we geneigd er samen de schouders onder te zetten. Maar naarmate de groepen groter worden, wordt samenwerken moeilijker – om grote groepen samen te laten optrekken, mensen die elkaar niet persoonlijk kennen, is een verbindend verhaal nodig, een gedeelde overtuiging of geloof. Of zoals Harari het uitdrukt, een *mythe*. Zonder dat gaat het niet.

Het behoeft nauwelijks betoog dat de Unie in de eerste decennia in de greep verkeerde van een krachtige, breed gedeelde mythe – de mythe van de herrijzenis van een verwoest continent; enerzijds de mythe van de economische wederopbouw, anderzijds de mythe van het 'nooit weer!'

Wie voor Europa was, stond aan de kant van de Verlichting; deze nieuwe gemeenschap zou het voortaan stellen zonder de vernietigende eigenschappen die oude vormen van gemeenschap hadden gekenmerkt – benauwd groepsdenken, nationalisme, aanspraak op de vermeende superioriteit van de eigen cultuur, geloof in een unieke lotsbestemming van eigen volk en vaderland.

Al *die* emoties, die deel uitmaken van de traditie van de contraverlichting, die de Verlichting altijd als een schaduw heeft gevolgd, waren na '45 tot taboe verklaard; we hadden immers gezien wat ervan kwam. Maar door de sterke weerzin tegen de emoties en geloofsartikelen die tot de catastrofe van '40-'45 hadden geleid, was er te weinig ruimte voor het besef van de enorme opdracht die men zichzelf had gesteld: hoe een gemeenschap te vormen zonder de klassieke eigenschappen van een gemeenschap?

9

Hoe lastig dat is, bleek juist de afgelopen jaren. En is het toeval dat in de landen die door Europa 'geholpen' worden, landen als Griekenland en Spanje, de weerstand tegen Europa ongekende proporties aanneemt? Men ziet de Unie, links en rechts op de flanken, niet als een samenwerking tussen landen, maar als een bezettingsmacht. Dat is ook een verklaring waarom juist in Wales, waar de afgelopen jaren veel geld door de Europese Unie is geïnvesteerd om de achterblijvende welvaart te bevorderen, een ruime meerderheid voor het verlaten van de EU stemde.

Ook in dit geval zie je hoe economische ingrepen van bovenaf bij de ontvangende partij tot *identitaire* opstandigheid leidt, het gevoel dat men hard in zijn eigenheid wordt geraakt – en opnieuw tot object wordt gereduceerd, terwijl de heersende macht met de mond vrijheid en democratie belijdt. Geen wonder dus dat een ultralinkse en een ultrarechtse Griekse partij binnen één dag na de verkiezingen een coalitie kunnen vormen. Hoe verschillend hun maatschappijopvattingen ook zijn, ze hebben een gemeenschappelijke vijand: Europa.

Zowel populistisch links als populistisch rechts leunt in zijn gedachtegoed tegen de traditie van de contraverlichting aan – men voelt zich bedreigd in lokale eigenheid, de een vanwege het neoliberalisme in een geglobaliseerde wereld, de ander vanwege immigratie en een dreigende overname van de eigen cultuur.

Wanneer je geen dragende mythe meer hebt, wordt het lastig weerstand te bieden aan de nieuwe opkomende mythes van het bedreigde nationaal belang, van de vernietiging van specifiek lokale gemeenschappen, enzovoort. Het besef is doorgedrongen dat de Unie niet eindeloos kan worden uitgebreid, omdat het gedeelde verhaal domweg niet verbindend genoeg is. De vluchtelingencrisis bracht een diepe kloof tussen de landen in West- en Oost-Europa aan het licht; men bleek er een totaal verschillend idee van Europa op na te houden. In veel West-Europese landen heerst nog altijd het idee van een verenigd Europa als een universalistisch, pluriform project, waarbij ook gastvrijheid voor vreemdelingen hoort. In veel Oost-Europese landen lijkt de Unie juist een vereniging op basis van vooral economische belangen, die niet geacht worden haaks te staan op het binnenlandse, groeiende nationalisme. De spanningen tussen die twee houdingen zullen niet snel worden opgelost, eerder groter worden. Vrijwel niemand hoor je meer over de voorgenomen toetreding van Turkije, omdat het land meer en meer in de greep verkeert van neonationalistische en religieuze sentimenten die zich rechtstreeks tegen de verlichtingsidealen keren waarop de Unie is gebaseerd.

Dat de anti-Europese partijen binnen de Unie actief gesteund worden door het Rusland van Vladimir Poetin, spreekt boekdelen. Het leidt tot de eigenaardige situatie dat Europa-critici hier te lande woedend zijn over het gebrek aan democratie van de Unie, door hen consequent de EUSSR genoemd, en tegelijk de autocraat Poetin als een voorbeeld lijken te zien.

Ook hier gaat het verlangen naar een radicale versimpeling van een complexe, ongrijpbare wereld hand in hand met het verlangen naar een herstel van autonomie. In de hang naar een sterke man komen deze verstrengelde wensdromen samen.

Dat alles wijst op een emotie die door de bestuurders van de Unie te weinig onder ogen wordt gezien, iets waarop ook Jürgen Habermas al wijst in zijn essay *Over de constitutie van Europa* – het probleem is wellicht niet zozeer het gebrek aan democratie binnen de Unie, als wel het imago van een bestuurlijke klasse die te veel op zichzelf gericht is, zich verliest in zijn eigen organisatie, te nauwe banden met de media onderhoudt – een elite van mandarijnen kortom. Een bestuurlijke elite die ook iedere emotie, ieder elan ontbeert. Opnieuw gaat het onbehagen terug op een afvlakking van vrijheid, het bureaucratiseren van emoties en waarden, niet zozeer het onderdrukken van vrijheid, maar het inperken van bewegingsruimte, allemaal voor onze eigen bestwil natuurlijk.

Ieder nieuw verhaal over Europa, een nieuwe verbindende mythe, zoals Harari het noemt, zal altijd tweeslachtig zijn: de burger die zijn eigen, lokale belangen ondergeschikt wil maken aan een groter, niet meteen vanzelfsprekend belang – het streven naar een gemeenschap voorbij de grenzen van de eigen kleine wereld. Die tweeslachtigheid kan niet worden opgelost, en het is gevaarlijk naïef gebleken te denken dat dat wel kan – ze is eigen aan de dynamiek van het verlichtingsdenken. Er zal altijd spanning zijn tussen een individu en de cultuur waarvan hij deel uitmaakt.

Zoals Francis Fukuyama in het eerste deel van zijn *The Origins of Political Order* schrijft, gaan bestuurlijke elites vrijwel altijd ten onder omdat ze geen oog hebben voor de veranderende omstandigheden in de samenleving die zij besturen. Anders gezegd, men blijft gewoon doen wat men denkt dat goed is, omdat het tot dusver altijd goed gewerkt heeft. Tegengeluiden en opstandigheid worden afgedaan met meewarig hoofdschudden, gezien als jammerlijke aberraties. Vervolgens verzuimt men het politieke systeem aan te passen aan de nieuwe dynamiek in de samenleving.

De vraag is of al die voorstellen tot hervorming van het Europese project werkelijk een poging zijn om tot zo'n politieke metamorfose te komen, of dat het om afgedwongen concessies gaat van een systeem dat de opstandige geluiden niet langer kan negeren, maar stiekem blijft hopen dat het allemaal wel mee zal vallen, wanneer het beter wordt uitgelegd. Ik hoop het eerste, ik vrees het laatste.

10

Hoe verhouden zich deze ontwikkelingen, die zoals gezegd het wereldbeeld waarmee ik opgroeide van alle kanten onder druk zetten, met de toegenomen kennis over onze biologische aard? Je kunt geschokt zijn over de sociale reactie die nu overal gaande is, over het steeds wilder bloeiende populisme vanaf 2000, over de wildgroei van het islamitisch radicalisme, over de vaak ronduit racistische taal en argumentaties die weer courant zijn geworden, over de hetzes, de leugens, de verbeten onredelijkheid – maar je kunt, denk ik, niet ontkennen dat de reactie tegen de geloofsartikelen van het verlichtingsdenken bij uitstek *menselijk* is.

Als het verlichtingsdenken uitdrukt hoe de mens zou willen zijn, dan doet die hardnekkige traditie van de contraverlichting een instinctief beroep op hoe de mens *van nature* is. Of nee, misschien drukken ze samen de onoplosbare verdeeldheid uit die nu eenmaal diep in onze borst genesteld zit – aan de ene kant de mens als kroon op de schepping, aan de andere kant de mens als dier te midden van de andere dieren.

Ik denk dat het geen toeval is dat nieuwe biologisch-evolutionaire kennis over onszelf hand in hand gaat met de groeiende twijfel aan het vooruitstrevende wereldbeeld dat ik hierboven schetste. *We weten steeds beter waarom we zijn hoe we zijn.* We weten steeds beter hoe we in elkaar steken. Veel van ons ogenschijnlijk cultureel bepaalde gedrag – bijvoorbeeld onze neiging om over elkaar te roddelen – kan verklaard worden vanuit die wetenschappelijke, biologisch-evolutionaire kennis.

De wetenschap kleedt de mens steeds verder uit. Hij lijkt soms al bijna naakt. De geesteswetenschappen kunnen die nieuwe kennis niet negeren, ze zullen hun actieradius moeten vergroten. Vandaar dat een historicus als Harari biologisch-evolutionaire kennis meeneemt in zijn geschiedenis van de mensheid; vandaar dat een Duitse filosoof als Thomas Metzinger zijn gedachten nadrukkelijk baseert op de almaar groeiende neurologische inzichten in de manier waarop ons brein werkt.

Dat roept een nieuwe spanning op: wanneer wij als mensen ergens naartoe willen, kunnen we niet langer meer doen alsof we niet weten waar we vandaan komen. De vraag dringt zich op hoe die nieuwe kennis over onze 'natuurlijke gesteldheid' ons idee van onszelf beïnvloedt – ons idee van ons mens-zijn. Worden we gegijzeld door onze kennis over onszelf?

11

De Amerikaanse schrijfster Marilynne Robinson is ervan overtuigd dat nieuwe kennis over de mens die mens uiteindelijk tekortdoet. Zij verzet zich fel tegen een zuiver materialistisch mensbeeld, tegen de verwetenschappelijking van ons wereldbeeld. We zijn zoveel meer dan onze biologie, stelt ze keer op keer, we *zijn* niet ons brein. In haar essaybundel *The Givenness of Things* (2015) schrijft Robinson dat het feit dat bij gevoelens van angst een bepaald deel van onze hersenen oplicht op een scan, wellicht iets zegt over het biologisch aspect van onze angst, maar niets over de aard van de angst zelf. Het is angst ja, maar is het angst voor een spin, angst voor de deurwaarder, of zuivere doodsangst? Volgens haar reduceert nieuwe biologische kennis over de mens de mens tot zielloze materie, terwijl alles wat een mensenleven betekenis geeft, genegeerd wordt. Daardoor dreigt de mens, in zijn honger naar kennis, het kind met het badwater weg te gooien. Het gevaar bestaat dat men de essentie van het mens-zijn zelf uit het oog verliest.

Het is, schrijft Robinson, alsof je stelt dat een bankbiljet niets anders dan een stukje papier is. Dat is ontegenzeggelijk *waar*, het is tenslotte gewoon papier, maar het is ook reductie – het zegt immers *niets* over de aard en betekenis van het bankbiljet? Wat *betekent* dat bankbiljet voor ons? Wij *beleven* een biljet van 100 euro niet als een stukje papier.

Vanuit de geesteswetenschappen is de laatste jaren een groeiend verzet waarneembaar tegen die 'verwetenschappelijking' van ons wereldbeeld. Marilynne Robinson behoort tot die critici, net als de relatief jonge Duitse filosoof Markus Gabriel. Hoe verschillend onderling ook, het zijn loten aan dezelfde stam. Zij houden de exacte wetenschap en de dominantie van het wetenschappelijke denken verantwoordelijk voor een toenemende ontmenselijking van de mens, die voortaan nog slechts in zuiver materialistische termen gedefinieerd dreigt te worden. Het domein van de geesteswetenschappen lijkt daardoor te veranderen in een even gerieflijk als nutteloos reservaat, waarin de mens zichzelf kan koesteren in de illusie van zijn geestelijke vrijheid – terwijl we weten dat die vrijheid een illusie is. Dat heeft tot gevolg dat de geesteswetenschappen zich moeten rechtvaardigen met aan de harde wetenschap ontleende criteria: ze kunnen niet langer rechtvaardiging in zichzelf vinden.

De door mij genoemde critici proberen aan te tonen dat de werkelijkheidsaanspraken van die harde wetenschap eveneens illusoir zijn, dat de claim op de werkelijkheid van veel wetenschap onterecht is: zowel de aard van ons universum (of misschien moet ik universums zeggen) als de aard van ons bewustzijn laat zoveel te raden over, dat iedere waarheidsclaim van fysici en neurowetenschappers als dermate speculatief moet worden beschouwd dat we net zo goed met hersenspinsels te maken hebben, met projecties op een ongrijpbare en wellicht onkenbare wereld, met illusies die ons leven vormgeven en de boel bij elkaar houden – met *mythes*, zoals Harari zou zeggen.

Mij bevalt dit soort kritiek maar half. Dat nieuwe biologische kennis over de mens ons mensbeeld ingrijpend verandert, lijkt me evident, ook al bevat ook die nieuwe kennis ongetwijfeld grote lacunes en misvattingen. Vanuit de humaniora, die zich bedreigd voelen door een samenleving die steeds minder lijkt te hechten aan geestelijke waarden en zogenaamd 'nutteloos' onderzoek, is er zeker terechte kritiek op een gereduceerd mensbeeld, dat soms alleen nog maar uit cijfers, tabellen en statistieken lijkt te bestaan. Zoals de grote Nederlandse historicus Johan Huizinga driekwart eeuw geleden al opmerkte over de toenemende nadruk op cijfers in de geschiedkunde in plaats van personen: 'In het getal bezwijkt het verhaal.' En zonder verhalen gaat het niet.

Maar die kritiek lost het probleem niet op. We kunnen de nieuwe kennis over de mens wellicht relativeren, maar haar niet ongedaan maken. In haar polemische stellingname tegen de groeiende dominantie van de exacte wetenschap over de zogeheten geesteswetenschappen, gaat Robinson voorbij aan hoe de biologische kennis van de mens ons mensbeeld wel degelijk beïnvloedt en verandert – omdat wij mensen deze kennis in toenemende mate leren gebruiken in ons leven zelf, en vooral om de levens van anderen te beïnvloeden. Die kennis wordt, om het eenvoudig te zeggen, onderdeel van onze cultuur. Naarmate ons mensbeeld meer 'verwetenschappelijkt', wordt het, zou je kunnen zeggen, steeds meer object in plaats van subject.

Anders gezegd, hoe beter we de mens leren kennen als biologisch wezen, des te meer we hem naar onze hand kunnen zetten.

12

De manier waarop die nieuwe kennis in onze samenleving wordt ingezet om de mens te sturen, is al overal voelbaar. Neem het zogenaamde *nudgen* – het ongemerkt beïnvloeden van menselijk gedrag door gebruik te maken van kennis over hoe mensen onbewust op bepaalde impulsen reageren. Dat *nudgen* kan gebruikt worden door de overheid om burgers tot gewenst gedrag te bewegen, of door de commercie om de consument ongemerkt over te halen tot het aanschaffen van een product. *Nudgen* gebeurt vaak met de beste, soms met minder goede bedoelingen. Waar het mij om gaat is dat niet langer ons bewustzijn wordt aangesproken; de mens wordt niet langer gezien als een autonoom individu, maar als een object dat door middel van zijn onbewuste reflexen een bepaalde richting opgestuurd kan worden, tot een bepaald soort wenselijk gedrag kan worden gebracht. Onzichtbare dwang dus, waarbij het uitgangspunt is dat de mens zichzelf *niet* kent. *Ken uzelf, durf te weten* – die filosofische aansporingen doen er niet langer toe, ze zitten alleen maar in de weg. Waar het om gaat is dat onze redelijke vermogens *met opzet* niet langer worden aangesproken. Daarbij wordt gebruikgemaakt van de nieuwste inzichten over hoe ons brein werkt.

Een goed voorbeeld van hoe scheef onze wereld eruit kan zien wanneer ons verlichte mensbeeld botst met de mens zoals nieuwe biologische kennis hem leert kennen, geeft de Amerikaanse filosoof Matthew B. Crawford in *De wereld buiten je hoofd* (*The world beyond your head*, 2015). Crawford gaat dieper in op een bekend onderzoek van een Amerikaanse sociologe naar gokgedrag in Las Vegas, in het bijzonder dat van de speelautomaten. Wanneer het over goklicenties gaat, zo laat Crawford zien, stelt de politiek de mens voor als een autonoom individu dat zijn eigen keuzes maakt. De staat mag de vrijheid van een zelfstandige burger niet inperken; het is niet aan de overheid om daartussen te komen of het gokken te verbieden. Betutteling! Beknotting van vrijheid!

Maar de speelautomaten zelf spreken de gokker helemaal niet aan als een autonoom individu – ze zijn volledig ontwikkeld en gericht op het ongemerkt manipuleren van onbewust gedrag – met suggesties van bijna-winst, uitgekiende prikkels en verslavingsbevorderende technieken. De gokkasten spelen juist in op de mens zoals hij zichzelf *niet* kent, zodat hij zich totaal verliest in zijn gokgedrag en in verreweg de meeste gevallen met lege zakken het casino verlaat, uitgeput en berustend.

Wat Crawford niet lekker zit, is dat wanneer je zulke praktijken aan de kaak wilt stellen en zelfs verbieden, er altijd de vrijheid en autonomie van het individu bij wordt gehaald – terwijl dat nu juist een gemakzuchtige illusie is.

Die gokkasten in Las Vegas zijn een relatief onschuldig voorbeeld, maar ze laten een groter dilemma zien. Moeten we de illusie van de mens als autonoom wezen maar opgeven? Zijn we uiteindelijk toch niet meer dan speelbal van onze aangeboren neigingen, die teruggaan tot de vroegste tijden? Kunnen we onszelf verbeteren zonder onze aard te verloochenen? Hoe kan ik mijn humanistisch wereldbeeld overeind houden, mijn geloof in de mens die zijn eigen leven betekenis kan geven, wanneer het zo vaak weersproken lijkt te worden door wetenschappelijke kennis over mijn biologische aard?

Anders gezegd, kan de mens zichzelf als autonoom wezen blijven zien, wanneer die notie inmiddels op alle fronten, in de maatschappij zelf, ondermijnd en ontkend wordt?

13

Begin 2015 woonde ik een verkiezingsbijeenkomst bij van Donald Trump. Het was nog tijdens de *primaries*, de locatie was de Verizon Arena in Manchester, New Hampshire. Buiten was het bitterkoud, er was een ware sneeuwstorm aan de gang.

Vanwege de veiligheidsmaatregelen moest ik lang, klappertandend, in de rij staan. Het publiek was geduldig op z'n Amerikaans, men stond keurig en ontspannen pratend op zijn beurt te wachten. Er waren veel echtparen bij, maar ook groepjes jonge mannen, en mannen alleen. De meesten behoorden tot wat je in het Engels *lower middle class* zou noemen.

Wat zochten ze? Binnen in de arena was de sfeer verwachtingsvol, alsof men in afwachting van een spektakel verkeerde. Tussen de zes- of zevenduizend man publiek liep een Trump-lookalike handenschuddend rond. Een man liep langs de tribunes met een bord waarop VOTE TRUMP. KILL CRUZ stond. Ted Cruz gold op dat moment nog als Trumps belangrijkste politieke rivaal voor het kandidaatschap van de Republikeinen.

Uit luidsprekers klonk knalharde muziek, die me nog dagen last aan een oor bezorgde. Die muziek bestond vooral uit tamme jarenzeventighits die, omdat het wachten lang duurde, steeds herhaald werden. Bij één nummer bleven mijn gedachten hangen: 'You Can't Always Get What You Want' van de Rolling Stones. Wie had dat uitgezocht en met welke reden? De strekking van dat nummer leek zo rechtstreeks in te gaan tegen het Amerikaanse ethos van de zakenman en agressief populistische politicus Trump. Zijn beloftes leken namelijk helemaal *niets* aan de werkelijkheid verplicht.

Tijdens de zwalkende speech die hij die avond gaf, regende het beloftes die zich niets van welke werkelijkheid dan ook leken aan te trekken – Amerika zou weer groots worden, de muur die hij zou bouwen langs de grens met Mexico zou de heroïne tegenhouden die New Hampshire zoveel problemen bezorgde (de staat ligt in het noorden van de Verenigde Staten). Bovendien zou Mexico voor de kosten opdraaien. En al het werk dat door globalisering uit het land was weggestroomd, zou onder president Trump weer teruggebracht worden, economisch concurrerende grootmachten zouden moeiteloos verslagen worden. Kwesties die complex en moeilijk beheersbaar leken, werden in een paar woorden teruggebracht tot enkele simpele frases. Klimaatverandering bijvoorbeeld, ook dat was een simpele kwestie. Trump: *They want us to talk about climate change. I say: look outside.*

Luid gejoel.

Die bijeenkomst bleef me bij. Ik voelde de aantrekkingskracht van de brutale versimpeling die een politicus als Trump op alles toepast. De gigantische toename in kennis, samen met het wereldwijde perspectief dat ermee gepaard gaat, het besef dat alles met alles verknoopt is geraakt tot een schier onontwarbare kluwen, heeft voor steeds meer mensen de wereld en hun eigen rol daarin onbeduidend en onoverzichtelijk gemaakt. Het populisme van Trump, en van zoveel andere hedendaagse politici, beantwoordt aan twee grote verlangens van onze tijd: het maakt de wereld simpel en overzichtelijk, en het geeft de burger de illusie van zelfbeschikking terug, het idee dat hij de wereld toch weer gewoon naar zijn hand kan zetten, dat hij niet langer object is, maar gewoon weer subject.

Dat gaat vanzelfsprekend met woede en frustratie gepaard, aangezien er ook vijanden worden aangewezen die de verwezenlijking van dat irreële zelfbeeld dreigen te dwarsbomen – dat zijn de buitenstaanders die jouw wereld dreigen over te nemen. Maar het zijn vooral de mensen die je willen verhinderen de wereld te zien zoals jij wilt – de elite die de idealen van de Verlichting belijdt, in ieder geval met de mond, en de experts die feiten blijven aandragen die niet stroken met jouw gewenste wereldbeeld.

14

In het beroemde, late cultuurkritische essay *Das Unbehagen in der Kultur* (1930) gaat Sigmund Freud uit van een onoplosbare spanning tussen een individu en de samenleving of cultuur waar hij deel van uitmaakt. Daarin past Freud een aantal basisbegrippen uit zijn psychoanalyse op onze cultuur als geheel toe. De oerdriften in een mens, seksueel en gewelddadig, worden getemd door wat beschaving heet. Die beschaving schept een leefbare orde, stelt regels en geboden en biedt een mens bescherming, maar schept zelf ook weer problemen – de neuroses, remmingen en psychische verdringingen die door de psychoanalyse aan het licht gebracht zouden worden. De voornaamste oerdrift in de mens, door Freud het 'lustprincipe' genoemd, is erop gericht een zo groot mogelijk genot en geluk te beleven – dat is de bewuste en onbewuste motivatie van al ons handelen. We willen het zo goed mogelijk hebben. Maar we zijn ons er tegelijkertijd van bewust dat we niet zomaar al onze verlangens kunnen uitleven, omdat we onszelf – en anderen – daarmee schade toebrengen. Dat lustprincipe wordt zodoende geconditioneerd door wat Freud het 'realiteitsprincipe' noemde. Niet alles wat we willen, is ook mogelijk – of in ieder geval niet meteen.

Bijvoorbeeld: ik wil een dure sportauto kopen, maar weet dat ik, wanneer ik daar in één klap al mijn geld aan uitgeef, mijn gezin niet meer zou kunnen onderhouden. Dus stel ik de aanschaf uit, maar blijf ervan dromen – en ga ik ervoor sparen, zodat ik wellicht eens, op een dag... Ik droom van grootscheepse orgieën waarin iedereen het met iedereen doet, maar besef dat mijn relatie op het spel komt te staan wanneer ik aan dat verlangen toegeef, dus zie ik er (voorlopig) van af. Ik wil een wereldreis maken, alles achter laten, al mijn schepen achter mij verbranden, maar weet dat zo'n reis bakken met geld kost, ik zal er dus eerst voor moeten werken en sparen; de droom laat zich niet zomaar verwezenlijken.

En zo gaat het steeds, iedere dag opnieuw, een leven lang. Ik weet, kortom, dat wat zich in mijn hoofd (en hart) bevindt, zich niet klakkeloos laat uitleven en verwezenlijken in de wereld waar ik deel van uitmaak. Het schuurt, het wringt en vaak frustreert het, maar ik erken dat ik de buitenwereld niet zomaar naar mijn hand kan zetten.

Toen hij *Het onbehagen in de cultuur* schreef, begreep Freud dat die schematische voorstelling die hij in eerdere essays had uitgewerkt, te gerieflijk was. Je zou kunnen zeggen dat hij inzag dat de ordening van lustprincipe en realiteitsprincipe te rationeel was – het verklaarde niet de menselijke zelfvernietigingsdrang. Ergens in die menselijke psyché bevond zich een drift die minstens zo sterk was als de menselijke zucht naar genot – Freud noemde het de 'doodsdrift'.

Ook moest hij toegeven dat ook de neiging tot

destructie een manier van lustbevrediging kan zijn. Geweld is vaak gewoon lekker, pijn en vernietiging een vorm van bevrediging die niet enkel voortkomt uit de frustraties waarmee een burgerlijk-moralistische samenleving ons opzadelt. Het is zoals Dostojevski zijn bitter-sarcastische ik-persoon laat zeggen in *Aantekeningen uit het ondergrondse*: ‘Soms wil een mens gewoon iets stukmaken.’

De menselijke beschaving was zodoende nooit een gelopen race – ze liep altijd het gevaar door de mens zelf vernietigd te worden. In *Het onbehagen in de cultuur* schrijft Freud: ‘Het bestaan van deze agressieve neiging die wij bij onszelf kunnen bespeuren en bij anderen met recht aanwezig veronderstellen, is de factor die onze relatie met onze naaste verstoort en de cultuur tot haar verbruik van energie dwingt. Vanwege deze primaire vijandigheid tussen de mensen wordt de cultuurgemeenschap permanent bedreigd door verval. Het belang van de werkgemeenschap zou haar niet bijeenhouden, driftmatige hartstochten zijn sterker dan rationele belangen. De cultuur moet alles in het werk stellen om paal en perk te stellen aan de agressiedriften van de mens, om hun uitingen te bedwingen door psychische reactieformaties.’

De aansporing om je naaste lief te hebben als jezelf, sombert Freud, is niets anders dan een verheven bezwering van de cultuur om haat en geweld in te dammen, want niets druist zo sterk in 'tegen de oorspronkelijke menselijke aard'.

Freud zag zichzelf als een man van de Verlichting – en als een man van de wetenschap. Als medicus wilde hij de geest van de mens ontleden en als psychoanalyticus wilde hij de mens genezen – genezen van de kwalijke gevolgen van wat een mens in zichzelf onderdrukte en niet wilde kennen. Steeds opnieuw benadrukte Freud dat hij *wetenschap* bedreef, en ontkende hij fel dat wat hij deed ook maar iets met filosofie te maken had, laat staan met kunst. Want wetenschap was *echt*, daar had een mens iets aan. Daarom moest de psychoanalyse en Freuds 'ontdekking' van het onderbewustzijn als harde wetenschap gezien worden. Kunst en filosofie zweefden maar zo'n beetje boven de werkelijkheid, dat was welbeschouwd niets anders dan gemakkelijke fantasie en amusement.

Juist die misvatting, kun je achteraf stellen, heeft Freud de kop gekost – de psychoanalyse is *als wetenschap* vaak genoeg ongeldig verklaard. Juist die verbeten aanspraak heeft de Weense dokter blijvend de reputatie van een fantast, een charlatan bezorgd.

Maar de ware inzichten van Freud waren nu juist die van een filosoof en kunstenaar. Juist hij heeft nieuw licht geworpen op onze innerlijke tegenstrijdigheden, ons verlangen naar liefde en onze hang naar geweld, onze dubbelzinnige verhouding tegenover de maatschappij, die ons vanaf onze geboorte conditioneert. Juist zijn werk laat zien dat er altijd een grote spanning zal bestaan tussen ons besef van onze biologische oorsprong en aard en de menselijke behoefte om betekenis te geven aan het bestaan – het verschil tussen een bankbiljet als stukje papier en als cultureel betekenisvol fenomeen. Freud heeft ons meer bewust gemaakt, bewust van wat het betekent om mens te zijn – en dus onredelijk en onbewust.

Maar die bewustwording, die bedoeld was als middel tot bevrijding, bleek uiteindelijk een doodlopende straat. Freuds *Werdegang* als denker en wetenschapper kun je als symbolisch voor de moderne tijd opvatten. Zijn geloof in de Verlichting bracht hem ertoe om de menselijke geest te onderzoeken en de mens door middel van nieuwe kennis en inzichten in staat te stellen zich te bevrijden van wat hem afremde, beperkte en beschadigde. Maar hoe meer hij onderzocht, des te sterker hij ervan overtuigd raakte dat de mens zichzelf niet blijvend kan bevrijden, dat geluk altijd een schaars goed zal blijven, dat de mens altijd heel erg menselijk zal blijven. Het driftleven van de mens laat zich hoogstens verklaren, nauwelijks indammen en al helemaal niet veranderen. De droom dat de mens zijn eigen beperkingen zou kunnen overstijgen, bleek zelf ook onderhevig aan het realiteitsprincipe – een mens moest uiteindelijk leren leven met zijn biologische beperkingen, meer zat er niet in. Geluk is vooral berusting.

Dat het niet in de aard van de mens zelf ligt om zich neer te leggen bij die beperkingen, daar was Freud zich als geen ander van bewust.

15

Het essay van Freud over het onbehagen in onze cultuur laat mij de gespannen sfeer in die zaal bij Trump beter begrijpen. Die smalende afrekening met redelijke argumenten, de ronduit agressieve benadering van de verzamelde pers daar, de hoon voor alles wat bedachtzaam, empathisch en weloverwogen beweerde te zijn, het groepsgevoel dat daar werd uitgeleefd – dat alles kun je zien als een radicale poging om de grens tussen individuele verlangens en een complexe buitenwereld ongedaan te maken. Woede en geweld, zag Freud in, waren de gewelddadige tegenhangers van wat hij in *Das Unbehagen in der Kultur* als het 'oceanisch verlangen' beschreef.

Dat laatste was een weldadig gevoel van eenwording met de hele wereld, hem beschreven door zijn vriend de schrijver Romain Rolland (zelf was de immer beschouwelijke Freud dat gevoel totaal vreemd), waarbij het ik volledig lijkt samen te smelten met heel het universum. Daarbij worden alle spanningen tussen binnen- en buitenwereld voor even opgeheven, vallen ik en universum samen. *Alle* grenzen vallen even weg – de grenzen tussen ik en de ander, de begrenzingen die een samenleving een individu oplegt, weggevaagd door een mystiek gevoel van verbondenheid. Freud zag dat oceanisch verlangen als een onwerkelijke dagdroom, want de spanningen tussen een individu en de beschaving waar hij deel van uitmaakte, lieten zich niet overstijgen.

Maar ook de menselijke neiging tot agressie en geweld kun je zien als een radicale poging die vervloekte begrenzingen weg te vagen. De wereld past zich niet aan je verlangens aan, dus moet die wereld (symbolisch) worden vernietigd. Het realiteitsprincipe moet ongedaan worden gemaakt – soms voorgoed, zoals bij het huidige zelfmoordterrorisme.

De sfeer in de zaal bij Trump was niet gewelddadig, eerder jennend en baldadig, zoals op een schoolplein. Duwen en trekken, roepen en schelden, half schertsend, maar met een voortdurende onderstroom van dreigend geweld. Een milde vorm van Vladimir Poetins manier van politiek bedrijven

– het onderhands aanmoedigen van agressie tegen de krachten die jou je autonomie hebben afgenomen, die jouw eigenheid willen wegvagen.

Zo kun je de dieper liggende boodschap van het huidige populisme samenvatten: de belofte om Freuds realiteitsprincipe ongedaan te maken. Niet langer hoef je je te vormen naar het beeld dat de buitenwereld je oplegt, want de wereld zal zich, goedschiks of kwaadschiks, moeten voegen naar jouw beeld van de wereld. De aantrekkingskracht van die boodschap valt moeilijk te onderschatten, vooral omdat die in onze cultuur in het algemeen breed wordt uitgedragen. Het politieke populisme is namelijk geen ontsporing van die cultuur, ze is er het natuurlijke product van.

16

In *De wereld buiten je hoofd* ziet Matthew B. Crawford het ontkennen van een werkelijkheid buiten ons eigen hoofd als een groot probleem van onze tijd. Hij geeft het voorbeeld van de Micky Mouse Club op de Amerikaanse televisie. Wanneer figuren in dat programma voor een praktische hindernis komen te staan, zoals een rivier die ondoorwaadbaar lijkt, hoeven ze alleen maar een wens te doen, en komt er een magische brug uit de lucht vallen waardoor ze ongehinderd hun weg kunnen vervolgen.

Crawford ziet dat als typisch voor de dynamiek in de westerse cultuur. Er wordt niet langer een spanning onderkend tussen binnen- en buitenwereld, tussen de verlangens en ambities van een individu en een wereld buiten, waarin die verlangens en ambities alleen met inspanning en het bedwingen van hindernissen gerealiseerd kunnen worden. Het (post)moderne idee dat de werkelijkheid niet reëel is, maar slechts een kwestie van perspectief, of anders gezegd, de gerieflijke dooddoener dat een ieder zijn eigen werkelijkheid maakt, beschouwt Crawford als het begin van een houding die, Freudiaans uitgedrukt, het realiteitsprincipe overbodig verklaart. Alleen het lustprincipe regeert, het wordt niet langer in toom gehouden door een realiteitsbesef. De buitenwereld wordt nu vooral als een *uitbreiding* van die binnenwereld gezien, het is het individu dat het centrum vormt. Hij is de ultieme klant, die bediend moet worden, de consument op wiens wensen het aanbod dient te worden afgestemd.

Zo gezien is het allesbehalve vreemd dat juist Donald Trump, eigenaar van hotels en golfbanen, verkoper van steaks en wijn, zich tot populair politicus ontpopte – het dedain van het politieke establishment voor dit soort figuren laat slechts zien dat men de dynamiek van deze tijd slecht heeft begrepen.

Crawford gaat er zelf niet op in, maar je kunt je de houding voorstellen van het individu wanneer hij zijn wensgedachte gedwarsboomd ziet door begrenzingen in de werkelijkheid, wanneer de buitenwereld hem niet een-twee-drie zijn zin geeft. In werkelijkheid kan de mens de wereld maar heel weinig afdwingen, hij is altijd meer speelbal dan dwingende kracht. Crawfords werk is erop gericht juist de *inspanning* die geleverd moet worden om ambities te verwezenlijken, om lastig werk tot stand te brengen, weer in ere te herstellen en te leren zien als wezenlijk voor de menselijke ervaring.

Juist in de hindernissen en beperkingen die de werkelijkheid opwerpt, ligt de mogelijkheid tot zelfverwezenlijking van het individu. Nu wordt alles steeds meer afgevlakt, inspanning overbodig gemaakt, door nieuwe technologie en indirecte communicatie, zodat steeds meer contact met de wereld via een scherm, een cursor en een muisklik verloopt. Dat heeft, zegt Crawford, een verlies van *aandacht* tot gevolg – veel 'ervaringen' zijn zo indirect en vereisen zo weinig betrokkenheid dat ze nauwelijks indruk op ons maken.

Wanneer onderlinge verbondenheid tussen individuen afneemt, luidt een waardevol inzicht in *De wereld buiten je hoofd*, zijn mensen steeds meer geneigd om de ander als een *vertegenwoordiger* van iets te zien, niet langer als individu. Dat gaat een rol spelen in de manier waarop we elkaar in de samenleving tegemoet treden. Crawford: 'Dit vervlakt onze relaties en maakt ze abstracter.'

17

Maar de werkelijkheid laat zich niet ontkennen, dat besef knaagt altijd, zelfs bij degene die zich verliest in dagdromen en dwingende verlangens. De mensen die op die koude februaridag naar Donald Trump kwamen luisteren, voelden zich speelbal in een complexe wereld die zich steeds minder van hen aan leek te trekken. De krachten waarmee zij geconfronteerd werden – economisch, sociaal en wetenschappelijk – lagen ver buiten hun bereik. Vandaar de verleiding om die krachten een-tweedrie ongeldig te verklaren, het realiteitsprincipe overboord te gooien en zich uit te leven in een fantasie van herwonnen autonomie en beheersing.

Dat de werkelijkheid daarbij domweg ontkend moet worden, hindert nauwelijks. *Facts don't work*, zo luidde de mantra van het Amerikaanse reclameadviesbureau dat op het laatste moment door de Leave-campagne werd ingehuurd om in juni 2016 de Britse bevolking over te halen uit de Europese Unie te stappen. Die wijsheid, dat mensen niet gevoelig zijn voor harde feiten, had specifiek betrekking op het onderwerp immigratie, maar je kunt het toepassen op steeds meer politiek en het populisme in het bijzonder. Steeds meer wordt een beroep gedaan op emotie als tegenwicht tegen een lastige, onoverzichtelijke, hopeloos ingewikkelde werkelijkheid. De rede wordt gezien als een affront, een belediging van bovenaf, een poging tot intimidatie van de romantische volkswil.

People are tired of experts, zoals de Britse politicus en Brexiteer Michael Gove het in de aanloop van het Brexitreferendum samenvatte. Die uitspraak werd als schandalig ervaren en gehoond in de (sociale) media, maar letterlijk is het natuurlijk gewoon waar – mensen zijn moe van experts, moe van een wereld waarin alles zich steeds verder boven hun hoofd afspeelt, moe van kennis en feiten waar ze geen greep op kunnen krijgen, moe van een grote wereld die hun kleine wereld lijkt te willen wegvagen en hen tot nietige, onbeduidende wezens verklaart, terwijl zoveel in hun omgeving hen juist wijs lijkt te willen maken dat zij het in hun eigen leven voor het zeggen hebben, dat zij klant en koning tegelijk zijn.

Trump en zijn politieke geestverwanten bedienen burgers die aan de ene kant gewend zijn om als consumenten benaderd te worden en geen geduld hebben voor de inspanning en gemeenschapszin die bijvoorbeeld klimaatverandering van hen vraagt – en aan de andere kant bevrijd willen worden van een onoverzichtelijke, hopeloos complexe wereld waarin experts de dienst uitmaken en die wordt bestuurd door een elite die pleitbezorger blijft van een wereldbeeld dat hun autonomie en vrijheid belooft, maar hen in wezen juist verweesd heeft gemaakt.

Dit alles legt een typische paradox van deze tijd bloot – verwende, ongeduldige individuen die hunkeren naar een verloren gemeenschap.

Zo gezien staat de expert voor het realiteitsprincipe dat niet langer onderkend wordt – niet alleen doordat de burger hopeloos verwend is en gewend om zijn zin door te drijven, maar ook doordat die realiteit buiten zijn hoofd in toenemende mate zelf onwerkelijk is geworden. Want wie kan zeggen of de expert gelijk heeft, of het wel klopt wat hij zegt? Als dan ook nog blijkt dat experts fouten maken, soms de feiten naar hun hand zetten om hun persoonlijke overtuigingen te ondersteunen, en het vaak genoeg onderling niet eens zijn, dan groeit de verleiding om de expert uit te wissen, niet langer in je hoofd toe te laten. Een excuus is snel gevonden.

En zo kan het dus gebeuren dat de bevolking van Wales in juni 2016 voor het verlaten van de Europese Unie stemde, terwijl juist deze arme regio het meest van door de Unie gegeven subsidies profiteerde.

Wat is de ratio daarvan? Waarom zo overduidelijk tegen het eigen belang gestemd? Zijn het emoties die volkomen losstaan van rationele afwegingen, aspiraties die zich niets aantrekken van welvaart en economische belangen? Of valt men domweg terug op de mythe van de autonomie, omdat de grotere, verbindende mythe van een verenigd Europa haar zeggingskracht heeft verloren?

Het is lastig om een afgewogen oordeel te vellen over dergelijk 'onredelijk' gedrag. In de commentaren na de verrassende stem voor Brexit wisselden afkeer en begrip elkaar af – afkeer voor de stugge verwerping van een ideaal dat er, ondanks allerlei gebreken, zo duidelijk op gericht is het leven van zoveel mogelijk mensen beter te maken, en begrip voor de zogeheten 'Modernisierungsverlierer', de mensen die economisch en sociaal vooral met de nadelen van de globalisering worden geconfronteerd.

Dat levert een dubbel beeld op van het hedendaagse onbehagen: aan de ene kant een permanent ontevreden burger, die niet langer een algemeen belang erkent en ook geen geduld meer heeft voor wat Freud het realiteitsprincipe noemt. Deze burger is gewend om zijn zin te krijgen, hem is beloofd dat hij zijn eigen wereld mag maken; wat niet aan zijn verlangens tegemoetkomt, wekt zijn desinteresse of, wanneer hij zich erdoor gedwarsboomd voelt, zijn woede. Deze burger is een diva, door en door egocentrisch en verwend, intolerant voor andere opvattingen, in wezen voor *alles* dat als anders wordt ervaren.

Het andere beeld is dit: het gaat om het individu dat weliswaar van alle kanten autonomie krijgt aangepraat, maar in zijn eigen leven juist vooral een verlies van autonomie ervaart. Nieuwe technologie maakt zijn leven steeds gemakkelijker, maar ook complexer – technologie stelt hem in staat met zo ongeveer de hele wereld te communiceren, maar confronteert hem ook met de overweldigende verknooptheid der dingen. Er is te veel dat zijn aandacht opeist, empathie van hem verlangt, hem confronteert met zijn eigen beperkingen. Tegelijkertijd is er steeds minder sprake van echt contact. Globalisering en immigratie lijken zijn idee van zijn omgeving, zijn cultuur, te verwateren of zelfs te vernietigen, gefaciliteerd door een zichzelf als kosmopolitisch en multicultureel beschouwende elite die dat hele begrip van cultuur lijkt te willen ontkennen – of als achterlijk ervaart. De bedding van zijn leven lijkt verdwenen. Oude gezagsstructuren zijn ontmanteld uit naam van de vrijheid, en dan vooral de keuzevrijheid – er mag voortaan zelf gekozen worden.

Maar die vrijheid wordt ook als een zware last ervaren. Zoals Crawford schrijft: 'Het bevrijdingsproject van links heeft ervoor gezorgd dat wij overgeërfde culturele mallen hebben ontmanteld die ooit individuele levens een zekere samenhang oplegden (ten goede of ten kwade). Dit heeft een vacuum van cultureel gezag geschapen, dat op opportunistische wijze is gevuld met aandachtslandschappen die worden ontworpen en gerealiseerd door de energiekste "keuzearchitecten", doorgaans omdat zij er winstmogelijkheden in zien. Als gevolg van deze bevrijdende inspanningen van rechts en links is de last van de zelfregulering zwaarder geworden. Hoe goed wij deze last kunnen dragen, blijkt wel uit het feit dat wij tegenwoordig erg dik zijn, veel schulden hebben en heel gemakkelijk scheiden.'

Met het essay van Freud in gedachten kun je stellen dat Crawford het realiteitsprincipe gelijkstelt aan een morele orde. Voor hem staat die orde gelijk aan 'cultuur'. Een mens is helemaal geen autonoom individu, maar grotendeels het product van een cultuur waarin hij geboren wordt – een cultuur die zijn bestaan van een mal voorziet, waarin hij zelf zijn leven vorm kan geven. Een individu verwezenlijkt zichzelf in contact met zijn omgeving, zijn cultuur. Crawford: 'Wat als de coherentie van een leven op een significante wijze een functie van cultuur is? Wat als wij onder onze medemensen "gesitueerd" zijn in normen en praktijken die een leven vormgeven? In dat geval doet cultuur ter zake. Dat wil zeggen: de omgeving doet ter zake, en wel op een sterkere manier dan je zou vermoeden als je ofwel het interne, volledig ontwikkelde model van de rationele agent ofwel de antigeestelijke, breingerichte opvatting [van de mens] accepteert.'

18

De omgeving doet ter zake – we zijn niet ons brein, zoals een bankbiljet meer voor ons is dan een stukje papier. En we zijn vooral geen autonome, rationele wezens die mens en wereld stapje voor stapje vooruithelpen naar een lichtende eindstreep. De tendens om een mens steeds meer los te zien van zijn omgeving, hem niet langer als een burger maar als een klant te zien, als object voor commerciële en politieke manipulatie, als louter optelsom van statistieken en tabellen, maakt de verbondenheid met zijn omgeving zwakker en versterkt het onbehagen. Het roept het verlangen op naar een radicaal herstel van autonomie, de fantasie van een gesloten gemeenschap die zich niets van de buitenwereld meer hoeft aan te trekken. Al het onbehagen in de cultuur richt zich daarop.

Cultuur wordt dan niet langer opgevat als een beschermende laag die het mensen mogelijk maakt samen te leven, maar als iets dat agressief verdedigd moet worden tegen vijanden die jou en de jouwen dreigen weg te vagen. Juist het verlies van identiteit als iets dat je in staat stelt je in de buitenwereld staande te houden, roept het verlangen op naar identiteit als weermiddel in een vijandig geachte buitenwereld. Die buitenwereld wordt dan nog louter als hinderlijk, beledigend en bedreigend gezien – als iets dat niet zuiver, niet rechtvaardig, niet koesterend is.

Wie Freuds realiteitsprincipe erkent, zal die wereld willen hervormen. Wie het realiteitsprincipe ontkent, zal haar willen vernietigen.

19

Politiek populisme, religieus radicalisme, herlevend nationalisme, racisme, het steeds harder botsen van identiteiten, de immorele bankiers, het zalig verklaarde rendementsdenken en het onuitroeibare ons-kent-ons van iedere bestuurlijke elite – ze lijken stuk voor stuk een streep te halen door de rekening van het humanistisch optimisme van voorgaande decennia. Veel hardnekkige neigingen waaraan het verlichtingsdenken probeerde te ontsnappen, kunnen in toenemende mate verklaard worden door middel van de wetenschap, die paradoxaal genoeg zelf ook een loot aan de stam van de Verlichting is.

Een verhaal blijft nodig. Zonder verhalen – noem het mythes, noem het godsdienst, noem het *cultuur* – kan een mens niet goed mens zijn. Hoe ons brein nu precies tot een bewustzijn komt, weten we (nog) niet, maar het is een feit dat we een brein hebben en een bewustzijn – en hoewel het brein vast en zeker een voorwaarde voor bewustzijn is, kunnen we zowel ons brein als de wereld slechts vanuit ons bewustzijn beschouwen. Dat is een paradox waaruit we nooit zullen kunnen ontsnappen. Nieuwe kennis over de mens dwingt ons ons mensbeeld bij te stellen, maar het gaat nog altijd om wat wij er zelf van maken.

Om het simpel te zeggen: wil je kunnen leven, dan heb je er meer aan te weten wat een bankbiljet *betekent* dan wat het feitelijk is. Wij moeten betekenis *geven*.

Nieuwe technologie confronteert ons met nieuwe ethische vraagstukken, over hoever we de technologie willen laten doordringen in ons bestaan – zoals in het geval van robotisering, maar ook op het gebied van genetische manipulatie, de zogeheten 'mensverbetering'. Wij moeten nadenken over wat het betekent wie er verantwoordelijk is wanneer auto's zichzelf gaan besturen, wanneer in de toekomst iedereen met iedereen, ongeacht geslacht of leeftijd, kinderen met elkaar kan krijgen – en hoe een maatschappij eruit zou moeten zien waarin machines het meeste werk zullen overnemen. Zonder de humaniora, zonder filosofie, zonder geschiedenis, zonder sociologie, zonder culturele studies is het onmogelijk over die kwesties na te denken, onmogelijk om die ontwikkelingen in te bedden in ons bestaan.

Terecht merkte de beroemde bioloog Edward O. Wilson onlangs op dat de humaniora nieuwe wetenschappelijke kennis onmogelijk kunnen negeren, maar dat de exacte wetenschap de humaniora meer nodig heeft dan ooit.

Tegelijk zien de humaniora zich steeds meer geconfronteerd met een samenleving waarin het humanistische gedachtegoed verwaarloosd of radicaal verworpen wordt. Want ons wereldbeeld mag dan in toenemende mate verwetenschappelijkt zijn, je zou het niet zeggen wanneer je de kranten leest, de pc of tv aanzet of naar de bioscoop gaat. Daar regeren de verhalen en de mythes in hun simpelste, destructieve vorm – het agressieve fundamentalisme van de onvervreemdbare eigenheid, de bedreigde identiteit, de nationale lotsbestemming of de religieuze verlossing in dood en geweld.

Ook de doodsdrift in de cultuur bedient zich

van mythes. Met cijfers en statistieken maak je die niet onschadelijk.

Facts don't work. In het getal bezwijkt het verhaal.

20

Wat leerde ik nu eigenlijk, die tragische, winterse dag op de Parijse boulevard? De slachtpartij die de broers Kouachi aanrichtten was ook een symbolische misdaad, het door geweld opheffen van de grens tussen binnen- en buitenwereld, het wegvagen van wat als beledigend en bedreigend werd ervaren. Het was zowel gruwelijk narcistisch als pijnlijk hopeloos, haat en zelfhaat tegelijk. Het was zuivere doods- en vernietigingsdrift, uit naam van een kosmisch gevoel van gekrenktheid.

In al die ontelbare commentaren achteraf ging het vaak over wie of wat nu eigenlijk de ware schuldige was – de islam, het Westen, de armoede, de miskenning, de haatpredikers. Dat waren evenzovele pogingen tot bezwering. Misschien was het helemaal niet onmenselijk wat daar gebeurde, maar juist heel erg menselijk – niet een uiting van een bepaalde cultuur, maar het falen van cultuur, van wat beschaving heet, het wegvallen van iedere remming en ieder realiteitsbesef. En niet in een omgeving waarin beschaving ontbreekt, waar geen instituties bestaan die het maatschappelijk verkeer sturen, waar wetteloosheid heerst en de mens aan zijn primaire instincten is overgeleverd, maar midden in de beschaafde wereld zelf.

Wanneer het humanisme te zeker van zichzelf wordt, wordt het onherroepelijk naïef – en ook hypocriet. De mens laat zich niet rationeel beheersen. Hoed je voor de overmoed van de rede, het idee dat de wereld zich een kant op laat sturen, dat beschaving een blijvende garantie is tegen menselijke agressie en vernietigingsdrang. Beschaving en verlichting roepen het onheil over zichzelf af zodra ze blind worden voor tegenkrachten – van buitenaf maar ook van binnenuit.

Reken jezelf niet rijk, denk niet dat de mens het alleen af kan, leun niet lui achterover met het idee dat instituties de beschaving voor altijd waarborgen. Hoed je voor de barbaar in je omgeving. En voor de barbaar in jezelf.

HET FRAGMENT

Sigmund Freud

'Het lustprincipe'
uit: **Het onbehagen in de cultuur**

Men kan zich niet aan de indruk onttrekken dat de mensen doorgaans met verkeerde maatstaven meten, dat zij macht, succes en rijkdom voor zichzelf nastreven en dit alles bij anderen bewonderen, maar de werkelijke waarden van het leven onderschatten. En toch dreigt men bij zo'n algemeen oordeel altijd te vergeten hoe bont de wereld van de mensen en hun zielenleven is. Er zijn mannen aan wie de tijdgenoten hun verering niet onthouden, hoewel hun grootheid stoelt op eigenschappen en prestaties die aan de doelen en idealen van de massa volstrekt vreemd zijn. Men is al snel geneigd te denken dat het maar een minderheid is die deze grote mannen erkent, terwijl de grote meerderheid niets van hen wil weten. Maar zo eenvoudig is het waarschijnlijk niet: het denken en handelen van mensen is vaak met elkaar in strijd en hun wensimpulsen zijn veelstemmig.

Wat zien de mensen zelf blijkens hun gedrag als

de zin en het doel van hun leven, wat verlangen zij van het leven, wat willen zij erin bereiken? Het antwoord daarop kan nauwelijks missen; zij streven naar geluk, zij willen gelukkig worden en het ook blijven. Dit streven heeft twee kanten, een positief en een negatief doel: enerzijds zoekt het de afwezigheid van pijn en onlust, anderzijds de beleving van sterke lustgevoelens. In engere zin heeft 'geluk' alleen op het laatste betrekking. Overeenkomstig deze tweedeling van doelen ontplooien de mensen hun activiteiten in twee richtingen, al naar gelang zij – voornamelijk of zelfs uitsluitend – het ene of het andere doel pogen te verwezenlijken.

Gewoon het program van het lustprincipe bepaalt, zoals men ziet, het levensdoel. Dit principe beheerst de werking van het psychische apparaat van meet af aan; de doelmatigheid ervan kan niet in twijfel worden getrokken, maar toch staat zijn program op gespannen voet met de hele wereld, met de macrokosmos evenzeer als met de microkosmos. Het is volstrekt niet uitvoerbaar, alle inrichtingen van het universum werken het tegen; men is geneigd te zeggen: het oogmerk dat de mens 'gelukkig' is, komt in het plan van de 'schepping' niet voor. Wat men in de striktste zin geluk noemt, vloeit voort uit de nogal plotselinge bevrediging van hoog opgestuwde behoeften en is krachtens zijn aard alleen als vluchtig fenomeen mogelijk. Elk voortduren van een door het lustprincipe vurig gewenste situatie levert niet meer op dan een lauw welbehagen; wij zijn zo gemaakt dat wij alleen intens kunnen genieten van het contrast en maar heel weinig van de toestand zelf. Onze kansen op geluk zijn dus al beperkt door onze constitutie. Het is veel gemakkelijker ongeluk te ondervinden. Het lijden dreigt van drie kanten: vanuit ons eigen lichaam, dat tot verval en ontbinding is voorbestemd en zelfs pijn en angst als waarschuwingssignalen niet kan missen; vanuit de buitenwereld, die met oppermachtige, onverbiddelijke, vernietigende krachten tegen ons tekeer kan gaan; en tot slot vanuit de betrekkingen met andere mensen. Het aan deze laatste bron ontsproten lijden ondergaan wij misschien met de diepste smart; wij zijn geneigd het als een in zekere zin nodeloze toegift te beschouwen, hoewel het waarschijnlijk even fataal en onafwendbaar is als het lijden uit andere bron.

Geen wonder dat de mensen onder de druk van deze mogelijkheden tot lijden hun aanspraken op geluk plegen te matigen, zoals ook het lustprincipe zelf onder invloed van de buitenwereld tot het bescheidener realiteitsprincipe werd omgevormd; geen wonder dat de mensen zich al gelukkig prijzen als zij aan het ongeluk zijn ontsnapt of het lijden hebben doorstaan; geen wonder dat de taak om het lijden te vermijden over het algemeen die om lust te verwerven naar de achtergrond dringt. Nadere beschouwing leert dat men kan pogen zich langs zeer verschillende wegen van deze taak te kwijten; al deze wegen zijn door de verschillende scholen van levenswijsheid aanbevolen en door de mensen bewandeld. Onbeperkte bevrediging van alle behoeften dringt zich als aanlokkelijkste levenswijze op de voorgrond, maar dat betekent dat men het genot laat prevaleren boven de voorzichtigheid, wat zichzelf na korte tijd straft. De andere methoden, waarbij het vermijden van onlust centraal staat, verschillen al naar de bron van onlust waaraan men de meeste aandacht besteedt. Sommige methoden zijn extreem, andere gematigd; sommige zijn eenzijdig, andere vatten het probleem op meer punten tegelijk aan. Vrijwillig isolement, afstand bewaren tegenover anderen is de meest voor de hand liggende bescherming tegen het lijden dat het onderhouden van banden met andere mensen ons kan veroorzaken. Wij begrijpen dat het geluk dat men langs deze weg kan bereiken, dat van rust is. Tegen de gevreesde buitenwereld kan men zich enkel verdedigen door zich op enigerlei wijze af te wenden, gesteld dat men dit probleem alleen voor zichzelf wil oplossen. Er is evenwel een andere en betere weg, doordat men als lid van de mensengemeenschap met behulp van de door wetenschap geleide techniek de aanval op de natuur inzet en haar aan de menselijke wil onderwerpt. Dan werkt men met allen aan het geluk van allen. Maar de interessantste methoden om lijden te voorkomen zijn toch die welke het eigen organisme pogen te beïnvloeden. Per slot van rekening is al het lijden alleen gewaarwording, het bestaat alleen voor zover wij het bespeuren, en wij bespeuren het alleen als gevolg van bepaalde inrichtingen van ons organisme.

De ruwste, maar ook effectiefste methode van beïnvloeding is de chemische, intoxicatie. Ik geloof niet dat iemand haar mechanisme begrijpt, maar een feit is dat er lichaamsvreemde stoffen bestaan waarvan de aanwezigheid in bloed en weefsels ons directe lustsensaties verschaft, maar ook de determinanten van ons gewaarwordingsleven zo verandert dat wij het vermogen verliezen om onlustimpulsen in ons op te nemen. Beide effecten treden niet alleen gelijktijdig op, ze lijken ook nauw samen te hangen. Ook in onze eigen chemische huishouding moeten er stoffen met dat effect voorkomen, want wij kennen ten minste één pathische toestand – manie – waarbij hetzelfde roesachtige gedrag ontstaat zonder dat er een narcoticum is toegediend. Bovendien vertoont ons normale zielenleven schommelingen in de intensiteit waarmee lust kan worden vrijgemaakt, een proces dat met een verminderde of vermeerderde ontvankelijkheid voor onlust gepaard gaat. Het is heel jammer dat dit toxische aspect van de psychische processen tot dusver ontoegankelijk voor wetenschappelijk onderzoek is gebleken.

De gecompliceerde bouw van ons psychische apparaat biedt echter ook ruimte voor een groot aantal andere vormen van beïnvloeding. Zoals driftbevrediging geluk betekent, zo wordt het een bron van zwaar lijden als de buitenwereld ons in gebrek laat leven, ons de verzadiging van onze behoeften onthoudt. Men kan dus hopen het lijden ten dele op te heffen door deze driftimpulsen te beïnvloeden. Deze manier om lijden af te weren richt zich niet langer op het gewaarwordingsapparaat, maar poogt de innerlijke bronnen van de behoeften de baas te worden. Op extreme wijze gebeurt dit door de driften te laten afsterven, zoals de oosterse levenswijsheid het leert en yoga het in de praktijk brengt. Men heeft daarmee evenwel, als het lukt, ook alle andere activiteit opgegeven (het leven opgeofferd), via een andere weg weer alleen het geluk van rust verworven. Dezelfde weg wordt gevolgd als bescheidener doelen zijn gesteld, als men alleen de beheersing van het driftleven nastreeft. Overheersend zijn dan de hogere psychische instanties, die zich aan het realiteitsprincipe hebben onderworpen. Hierbij wordt het oogmerk van bevrediging geenszins opgegeven; een zekere bescherming tegen het lijden wordt bereikt doordat het onbevredigd blijven van de in toom gehouden driften als minder pijnlijk wordt ervaren dan het onbevredigd blijven van de ongeremde driften. Maar daar staat tegenover dat ook de kansen op genot onmiskenbaar zijn verminderd. Bij bevrediging van een wilde, niet door het Ik in toom gehouden driftimpuls is het geluksgevoel onvergelijkelijk veel intenser dan bij verzadiging van een getemde drift. De onweerstaanbaarheid van perverse impulsen, en misschien ook de aantrekkingskracht van het verbodene in het algemeen, vindt hierin een economische verklaring.

Een andere techniek om lijden af te weren bedient zich van de verschuivingen van libido die ons psychische apparaat toelaat en die zijn functioneren zoveel soepeler doen verlopen. De taak is dan de driftdoelen zodanig te verleggen dat ze niet getroffen kunnen worden door een frustrerende buitenwereld. De sublimering van driften komt daarbij te hulp. Het meest bereikt men als men kans ziet de lustwinst uit psychische en intellectuele arbeidsbronnen voldoende te vergroten. Het lot kan iemand dan nauwelijks deren. Zulke bevredigingen, zoals het plezier van de kunstenaar in het creëren, het vormgeven aan de producten van zijn fantasie, of dat van de onderzoeker in het oplossen van problemen en het ontdekken van de waarheid, hebben een bijzondere kwaliteit, die wij ongetwijfeld ooit metapsychologisch zullen kunnen karakteriseren. Voorlopig kunnen wij enkel met een beeldspraak zeggen dat ze ons 'fijner en hoger' voorkomen, maar hun intensiteit is getemperd in vergelijking met die van de verzadiging van grove, primaire driftimpulsen; ze schokken ons fysieke bestaan niet. Het zwakke punt van deze methode is dat ze niet algemeen bruikbaar, alleen voor weinigen toegankelijk is. Ze vooronderstelt speciale gaven en talenten die zelden in effectieve doses voorkomen. En ook deze weinigen kan ze geen volmaakte bescherming tegen het lijden bieden, ze verleent hun geen pantser dat ondoordringbaar is voor de pijlen van het noodlot, en ze faalt doorgaans als het eigen lichaam een bron van lijden wordt.

Terwijl bij deze methode de bedoeling al duidelijk wordt om zich van de buitenwereld onafhankelijk te maken door zijn bevrediging in innerlijke, psychische processen te zoeken, treden dezelfde kenmerken nog sterker naar voren bij de volgende methode. Hier wordt de samenhang met de realiteit nog meer losgelaten, de bevrediging wordt geput uit illusies die men als zodanig onderkent, zonder dat men zich in zijn genot laat storen door hun afwijking van de werkelijkheid. Het gebied waaruit deze illusies afkomstig zijn, is dat van het fantasieleven; het werd indertijd, toen de ontwikkeling van de realiteitszin zich voltrok, uitdrukkelijk onttrokken aan de eisen van de realiteitstoetsing en bleef bestemd voor de vervulling van moeilijk door te drijven wensen. Boven aan de lijst van deze fantasiebevredigingen staat het genot in kunstwerken, dat dankzij de kunstenaar ook toegankelijk wordt gemaakt voor wie zelf niet creatief is. Wie ontvankelijk is voor de invloed van de kunst, kan deze als lustbron en troost voor het leven niet hoog genoeg waarderen. Toch vermag de milde narcose waarin de kunst ons brengt niet meer te doen dan ons kortstondig aan de noden des levens te ontrukken, en ze is niet sterk genoeg om werkelijke ellende te doen vergeten.

Krachtdadiger en grondiger is een andere methode, die de enige vijand ontwaart in de realiteit als bron van al het lijden, waarmee men niet kan leven, waarmee men dus alle banden moet verbreken, wil men in enig opzicht gelukkig zijn. De heremiet keert deze wereld de rug toe, hij wil er niets mee te maken hebben. Maar men kan meer doen, men kan haar willen herscheppen, in haar plaats een andere wereld opbouwen, waarin de minst draaglijke trekken zijn uitgebannen en vervangen door andere, in de geest van de eigen wensen. Wie uit wanhoop en verontwaardiging deze weg naar het geluk inslaat, zal in de regel niets bereiken; de werkelijkheid is te sterk voor hem. Hij wordt een waanzinnige die bij de poging om zijn waan door te drijven meestal geen hulp ontmoet. Toch wordt gezegd dat ieder van ons zich in een bepaald opzicht als een paranoïcus gedraagt, een facet van de wereld dat hem niet aanstaat door een wensvorming corrigeert en deze waan in de werkelijkheid invoert. Aanspraak op een bijzondere betekenis maakt het geval dat een groter aantal mensen gezamenlijk poogt zich van geluk te verzekeren en zich tegen het lijden te beschermen doordat zij de werkelijkheid omvormen met een waanidee. Ook de religies der mensheid moeten wij als zo'n collectieve waan kwalificeren. Niemand onderkent uiteraard de waan zolang hij die zelf nog deelt.

Ik denk niet dat dit een volledige opsomming is van de methoden waarmee de mensen trachten geluk te verwerven en lijden op een afstand te houden, en ook weet ik dat men het materiaal anders kan ordenen. Een van deze methoden heb ik nog niet genoemd; niet omdat ik die ben vergeten, maar omdat ze ons nog in een ander verband zal bezighouden. Misschien benadert deze methode dat doel werkelijk ook dichter dan welke andere methode ook. Ik bedoel natuurlijk de levenswijze die de liefde centraal stelt, die alle bevrediging verwacht van het beminnen en bemind worden. Zo'n psychische houding is ieder van ons tamelijk vertrouwd; een van de vormen waarin de liefde zich uit, de geslachtelijke liefde, heeft ons de sterkste ervaring van een overweldigend lustgevoel bezorgd en ons zo het ideale voorbeeld voor ons streven naar geluk gegeven. Wat is natuurlijker dan dat wij koppig doorgaan het geluk daar te zoeken waar wij het voor het eerst hebben ontmoet? De zwakte van deze levenstechniek is zonneklaar; anders was ook nooit iemand op de gedachte gekomen deze weg naar het geluk te verlaten voor een andere.

Nooit zijn wij weerlozer tegenover het lijden dan als wij liefhebben, nooit hulpelozer ongelukkig dan als wij het beminde object of de liefde ervan hebben verloren. Maar daarmee is de op de gelukswaarde van liefde gebaseerde levenstechniek niet afgedaan, er valt nog veel meer over te zeggen.

Hierbij aanknopend kan men de interessante mogelijkheid vermelden dat het levensgeluk vooral gezocht wordt in het genieten van schoonheid, waar deze zich ook maar voordoet aan onze zintuigen en ons oordeel: de schoonheid van menselijke vormen en gebaren, van objecten in de natuur en landschappen, van artistieke en zelfs wetenschappelijke scheppingen. Deze esthetische houding tegenover het levensdoel biedt weinig bescherming tegen dreigend lijden, maar kan ons wel voor veel dingen schadeloos stellen. Het genieten van schoonheid heeft een bijzondere, zacht bedwelmende gevoelswaarde. Het nut van schoonheid is niet evident, haar culturele noodzaak kunnen wij niet inzien, en toch is ze in de cultuur onmisbaar. De esthetica onderzoekt onder welke voorwaarden schoonheid wordt ervaren; over aard en herkomst van het schone heeft ze geen opheldering kunnen geven; zoals gebruikelijk wordt dit gebrek aan resultaat verhuld door een overvloed van klinkende, maar inhoudsloze woorden. Helaas weet ook de psychoanalyse over het schone zo goed als niets te zeggen. Alleen de herkomst uit de seksuele gevoelswereld lijkt vast te staan; het zou een ideaal voorbeeld zijn van een doelgeremde impuls. 'Schoonheid' en 'bekoorlijkheid' zijn oorspronkelijk eigenschappen van het seksuele object. Het is opmerkelijk dat de genitaliën zelf, waarvan de aanblik altijd een opwindend effect heeft, bijna nooit mooi worden gevonden; daarentegen lijkt schoonheid wel als kenmerk aan bepaalde secundaire geslachtskenmerken te kleven.

Ondanks deze onvolledige opsomming waag ik mij al aan enkele afsluitende opmerkingen over ons onderzoek. Het program dat het lustprincipe ons opdringt om gelukkig te worden, is onuitvoerbaar, maar toch mogen wij – nee, kunnen wij – onze inspanningen om zijn verwezenlijking hoe dan ook naderbij te brengen niet opgeven. Daartoe kunnen wij verschillende wegen bewandelen: de positieve inhoud van het doel, de lustwinst, óf de negatieve, het vermijden van onlust, vooropstellen. Langs geen van beide wegen kunnen wij alles bereiken wat wij begeren. Het geluk in de beperkte zin waarin men een reële mogelijkheid daartoe ziet, is een probleem van de individuele libidohuishouding. Een voor iedereen bruikbaar advies is er niet; iedereen moet zelf beproeven op welke speciale wijze hij zalig kan worden.

De denkers

Sigmund Freud is een van de belangrijkste denkers van de 20e eeuw. Hij is de grondlegger van de psychoanalyse, een behandelmethode voor mensen met psychische problemen, maar zijn invloed reikt veel verder dan de psychologie. Termen als 'onbewuste' en 'narcisme' zijn door hem tot ons dagelijks vocabulaire gaan behoren. In *Het onbehagen in de cultuur* gebruikt hij zijn inzichten om grip te krijgen op de cultuur.

Bas Heijne is schrijver, essayist, en columnist voor *NRC Handelsblad.* In 2008 presenteerde hij VPRO's *Zomergasten* en in 2015 was hij anchorman in de filosofische televisieserie *De volmaakte mens* (VPRO/Human, 2015). Zijn essaybundel *De wijde wereld* werd genomineerd voor de AKO Literatuurprijs. En hij ontving in 2014 de tweejaarlijkse J. Greshoff-prijs voor zijn essay *Angst en schoonheid. Louis Couperus, de mystiek der zichtbare dingen.*

De bedenkers van Nieuw Licht

Frank Meester (1970) is filosoof, schrijver en publicist. Van zijn hand verschenen onder meer *Zie mij. Filosofie van de ijdelheid* en *Islam.* Samen met zijn broer Maarten schreef hij de bestseller *Meesters in de filosofie* en met denker des vaderlands Marli Huijer publiceerde hij *Goudmijn van het denken.* Hij was columnist voor *de Volkskrant* en *Trouw* en schreef artikelen en interviews voor *Filosofie Magazine* en *Het Parool.* Volgens tijdschrift *Elsevier* behoort Meester tot de nieuwe generatie toonaangevende filosofen.

Coen Simon (1972) is schrijver en filosoof. Zijn essays in *NRC Handelsblad, nrc.next* en *Trouw* zijn spraakmakend in het publieke debat. Hij werd door *HP/De Tijd* uitgeroepen tot 'nieuwe ster aan het filosofenfirmament'. Van hem verschenen onder meer *Waarom we onszelf zoeken maar niet vin-*

den, *Het huishouden van onze verlangens*, *Wachten op geluk* en *Filosoferen is makkelijker als je denkt*. In 2012 won hij de Socrates Wisselbeker voor het beste filosofieboek met *En toen wisten we alles*. De jury schreef daarover: 'In een bedrieglijk lichtvoetige stijl behandelt hij de ongemakken en eigenaardigheden van het moderne leven.'

Woord van dank

Het onbehagen in de cultuur is uit het Duits vertaald. Sigmund Freud publiceerde deze tekst in 1930 onder de titel *Das Unbehagen in der Kultur*. De Nederlandse vertaling is van de hand van Gerda Mathot, Dick Bergsma en Henk Bouman. In deze uitgave zijn met toestemming van uitgeverij Boom, beheerder van de Nederlandse tekst, enkele fragmenten daaruit opgenomen.

Mijn dank gaat uit naar Coen Simon en Frank Meester, die mij vroegen 'nieuw licht' te werpen op Freuds *Het onbehagen in de cultuur*, maar me vooral aanmoedigden daarbij mijn eigen koers te varen. Behalve de in de tekst genoemde auteurs ben ik dank verschuldigd aan Hassan Bahara, Ian Buruma, John Gray en Marijn Kruk die mijn gedachten tijdens stimulerende gesprekken tegen het licht hielden. Aan de makers van de in 2015 uitgezonden, door mij gepresenteerde programmareeks *De vol-*

maakte mens (VPRO/Human) dank ik mijn groeiende fascinatie met de vraag in hoeverre nieuwe technologie ons idee van de mens verandert.

Bas Heijne
Parijs, augustus 2016

Geraadpleegde literatuur

Crawford, Matthew B., *De wereld buiten je hoofd; een filosofie van de aandacht*. De Bezige Bij, 2015

Freud, Sigmund, 'Het onbehagen in de cultuur', in *Werken 9*. Boom, 2006

Fukuyama, Francis, *The Origins of Political Order*. Profile Books, 2011

Habermas, Jürgen, *Over de constitutie van Europa*. Klement/Pelckmans, 2012

Harari, Yuval Noah, *Sapiens; een kleine geschiedenis van de mensheid*. Thomas Rap, 2014

Huizinga, Johan, 'Vormverandering der geschiedenis', in *Verzameld Werk VII*. Tjeenk Willink & Zoon, 1950 (beschikbaar op www.dbnl.org)

Robinson, Marilynne, *The Givenness of Things*. Little Brown, 2015

Wilson, Edward O., *The Meaning of Human Existence*. Liveright Publishing Corporation, 2014